01 재료 Materials

❶ 검정 양복 원단 110cm 한마
❷ 검정 안감 ½마
❸ 블라우스용 면TC 원단 한마
❹ 지퍼 접착심 약간
❺ 양복단추 2개
❻ 블라우스 단추 5개
❼ 스냅단추 6개

❶ Black fabric for the Suit: 44"×1 yd
❷ Black fabric for the Lining: ½ yd
❸ Cotton TC (poly/cotton) fabric for the Shirt: 1 yd
❹ Adhesive pad for the zipper: some
❺ Buttons for the Suit: 2 ea.
❻ Buttons for the Shirt: 5 ea.
❼ Snap: 6 ea.

02 도구 Tools

자, 가위 , 쵸크, 핀
Ruler, Scissors, Chalk, Pins

03 패턴 Patterns

❶ 자켓용 패턴
❷ 블라우스용 패턴
❸ 바지용 패턴
❹ 넥타이용 패턴

❶ Jacket Pattern
❷ Shirt Pattern
❸ Trousers Pattern
❹ Necktie Pattern

04 패턴의 배치 Patterns Layout for Cutting

겉감
Outer fabrics

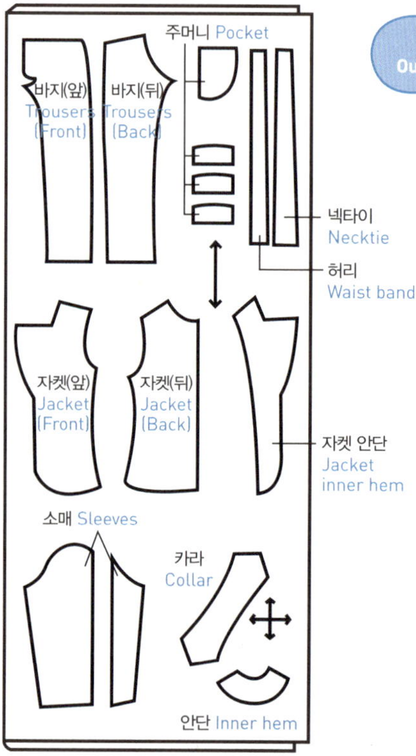

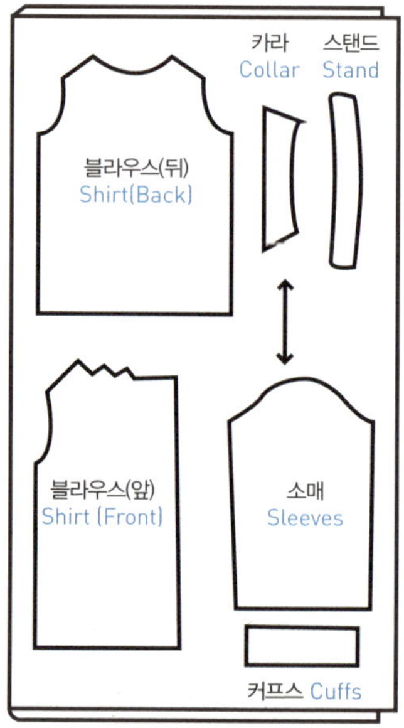

안감
Lining

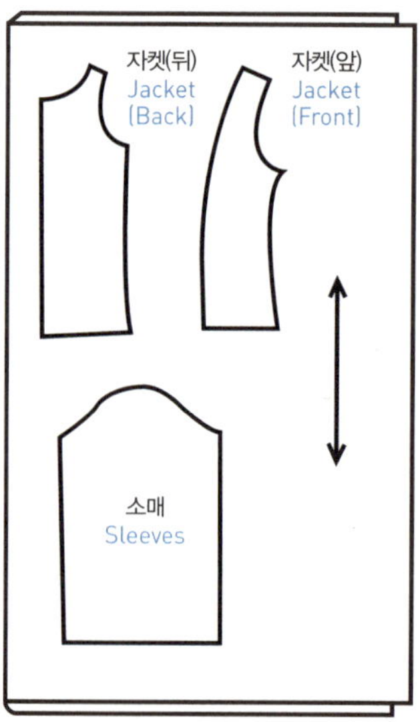

05 패턴의 구성 Patterns Lineup

자켓용 패턴
Jacket Pattern

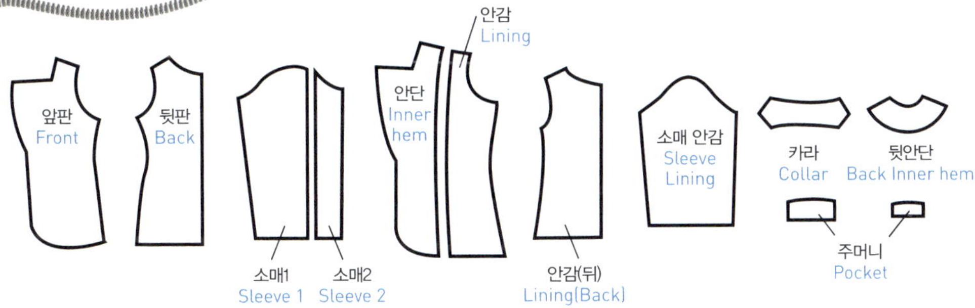

블라우스용 패턴
Shirt Pattern

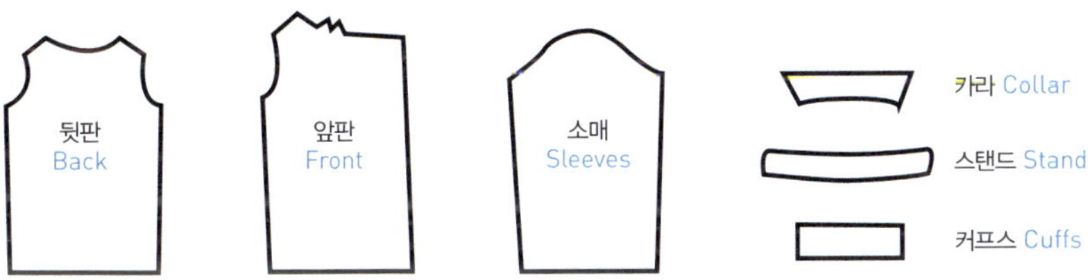

바지용 패턴
Trousers Pattern

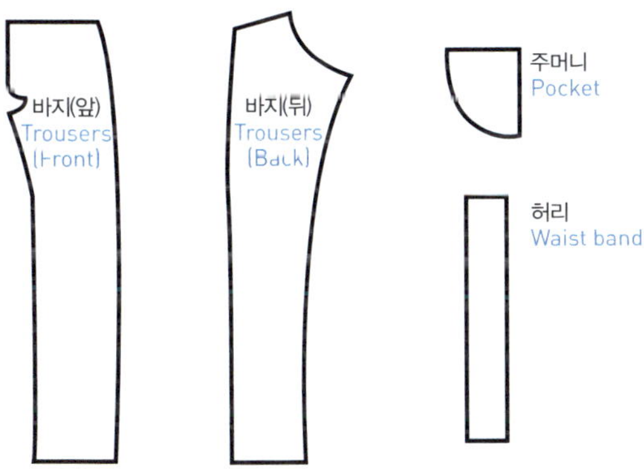

넥타이용 패턴
Necktie Pattern

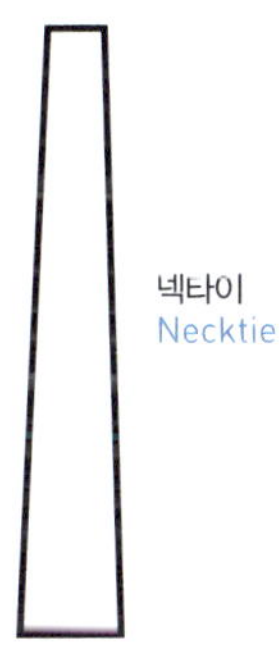

06 자켓 만들기 Making the Jacket

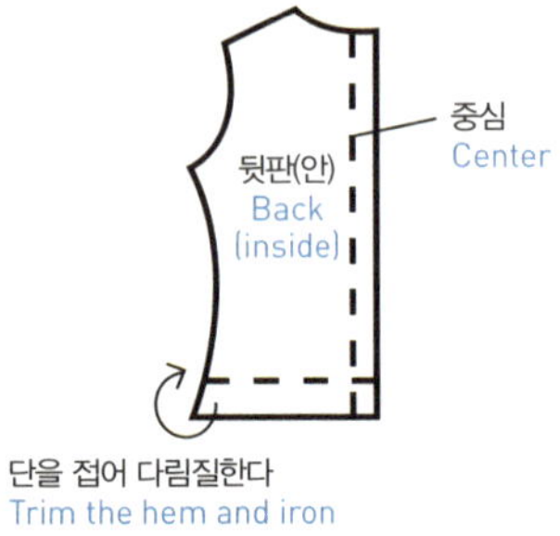

1. 뒷판 두 장의 중심을 잘 맞추어 박은 뒤 시접 분량의 단을 접어 다림질 한다.

1. Sew the two Jacket Backs, joining them carefully at the middle, and trim the hem for seam allowance and iron.

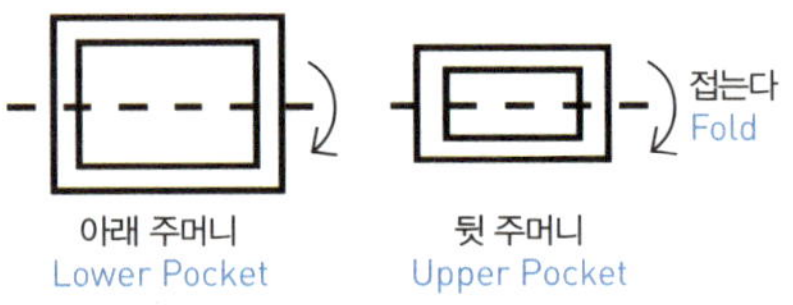

2. 주머니 원단을 그림처럼 박아 뒤집는다.

2. Sew the patch Pocket as shown, then turn it inside out.

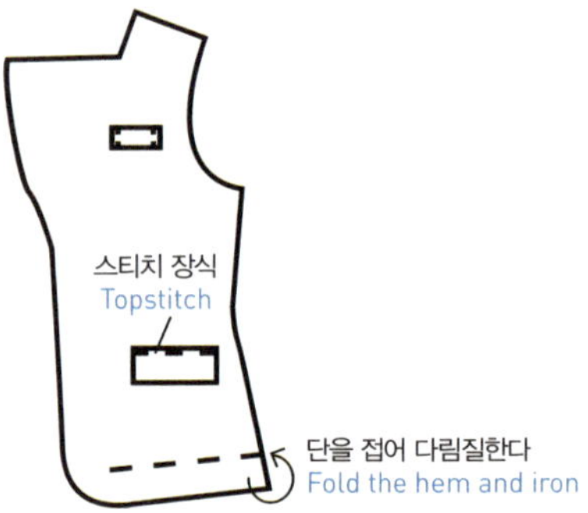

3. 앞판의 주머니 위치 표시에 맞추어 주머니를 달아준 뒤 단을 접어 다림질 한다. 주머니 윗부분에 스티치 장식을 한다.

3. Attach the Pocket at the indicated position on the Front, fold the hem and iron. Topstitch along the top of the Pocket.

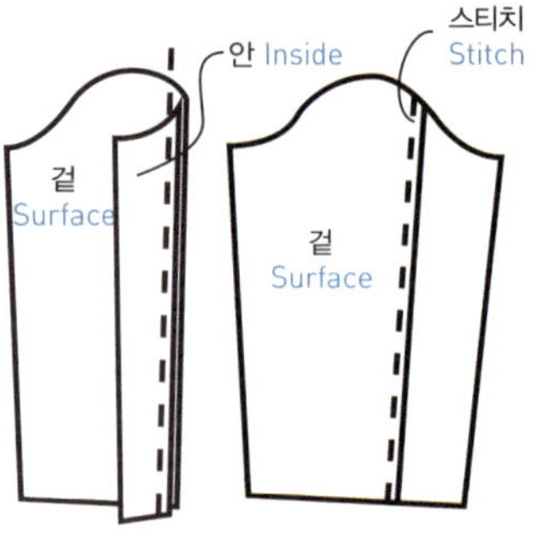

4. 소매 1과 2를 그림처럼 겉과 겉이 마주 보도록 놓고 박음질 한 뒤 펼쳐서 스티치 장식을 한다.

4. Put the surfaces of the Sleeves #1 and #2 together, as shown, and sew.

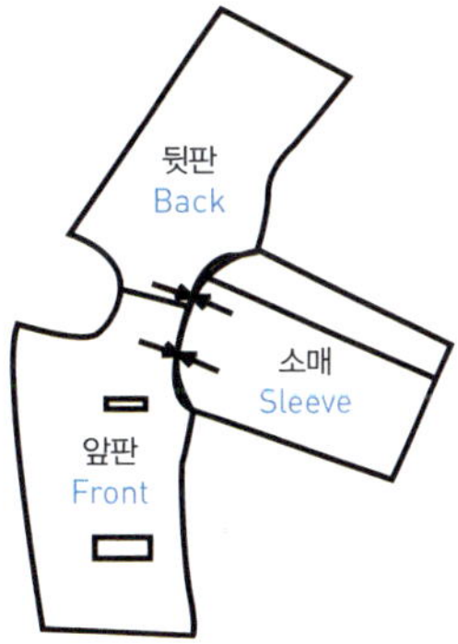

5. 앞판과 뒷판의 어깨를 연결하고 몸판에 소매를 달아준다.

5. Join the shoulders of the Front and Back, and attach the Sleeves on the body.

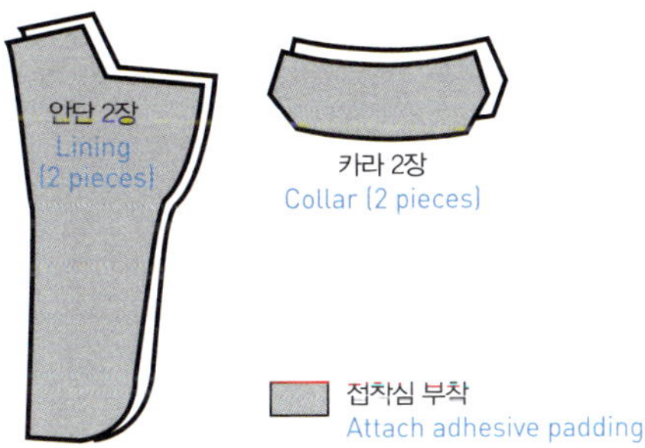

6. 안단과 카라에 접착심을 붙인다.

6. Attach the adhesive interfacing padding to the inside hem and Collar.

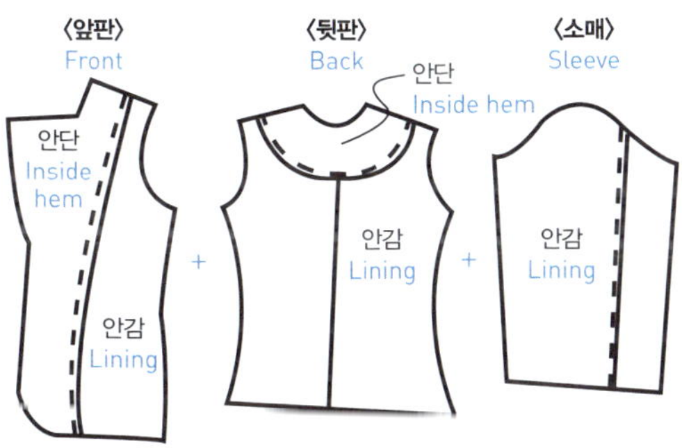

7. 안단과 안감을 연결한 뒤 앞판+뒷판+소매를 연결 한다.

7. Join Inside hem and Lining, then bind the Front, Back and Sleeve.

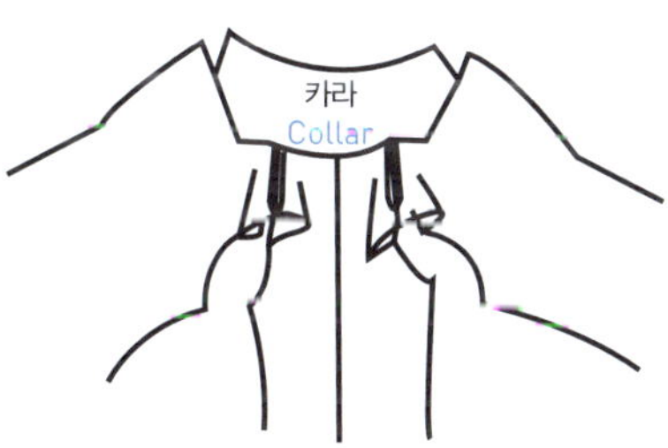

8. 카라를 만들어서 다림질 한 다음 몸판에 연결 한다.

8. Make the Collar, iron, and attach to the body.

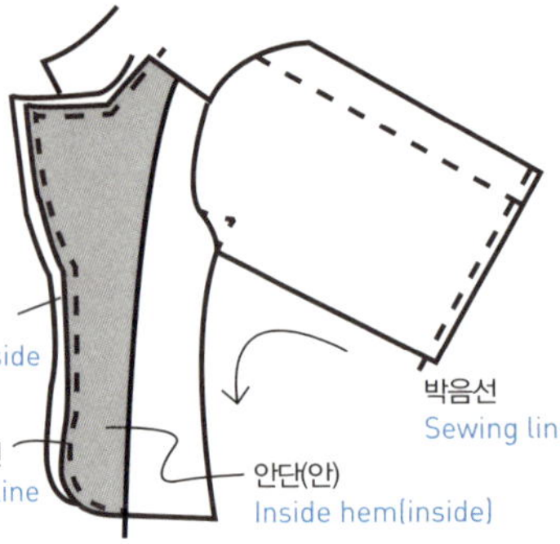

9. 겉 원단과 안감을 맞추어서 밑단까지 돌려 박는다.
소매도 겉 원단과 안단을 연결해서 박음질 한다.
소매에서 옆선까지 겉감은 겉감끼리
안감은 안감끼리 연결해서 박음질한다.
밑단을 통해 뒤집는다.

9. Join the outer fabric for the Jacket and the Lining, then sew around in a circle to the bottom hem.
Join the outer fabric and Lining of the Sleeve and sew.
Sew the outer fabrics together, and the Linings together, continuously from the Sleeve to the side line of the body.
Turn the Jacket right side out through the bottom hem.

10. 그림처럼 모양을 다듬은 뒤 다림질 한다.
밑단은 손바느질하여 단을 정리한다.

10. Trim as shown and iron.
Finish the bottom hem by stitching.

07 와이셔츠 만들기 Making the Shirt

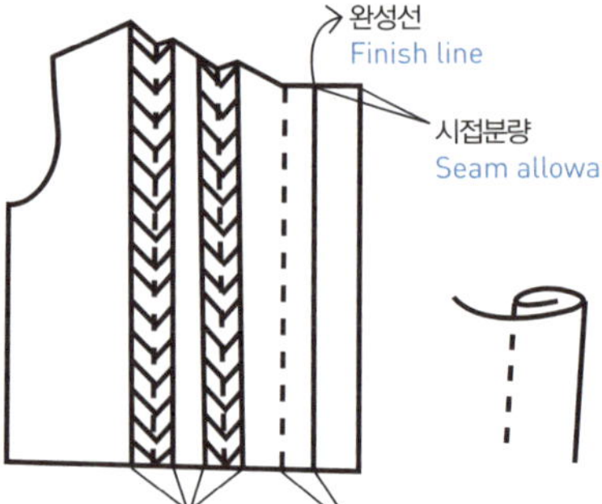

1. 핀턱 표시 부분을 위아래를 잘 맞추어서 접어 박는다.
단추 여밈 분량은 그림처럼 시접 분량을
안으로 넣은 뒤 접어 박는다.

1. Fold and make pleat at the indicated position for pin-tuck, taking care about the accurate balance between the upper and down part.
Fold the seam allowance for the button fastening and sew.

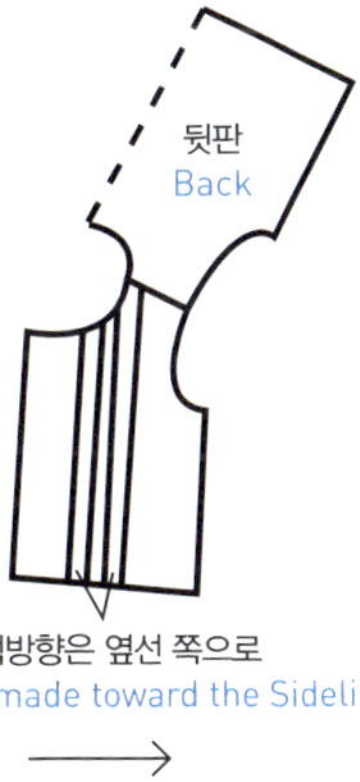

2. 뒷판과 어깨선을 연결해서 박음질한다.

2. Sew from the Back along the shoulder line continuously.

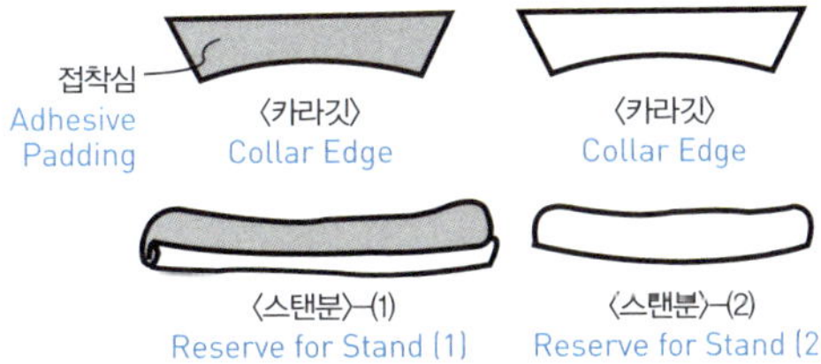

3. 카라깃과 스탠분의 한쪽면만 접착심을 붙인다.
스탠분(1)은 밑단을 시접 분량만큼 접어서 다림질한다.

3. Attach adhesive padding to one side of the Collar Edge and Stand.
For Stand (1), fold the bottom hem in about seam size, and iron.

4. 카라깃은 겉과 겉을 마주보도록 놓고 완성선을 따라 박음질 한 뒤 뒤집는다.
뒤집은 카라의 모양을 따라 눌러박는다.

4. For the Edges of the Collar, join the faces of the fabric together, sew along the finish line and turn right side out.

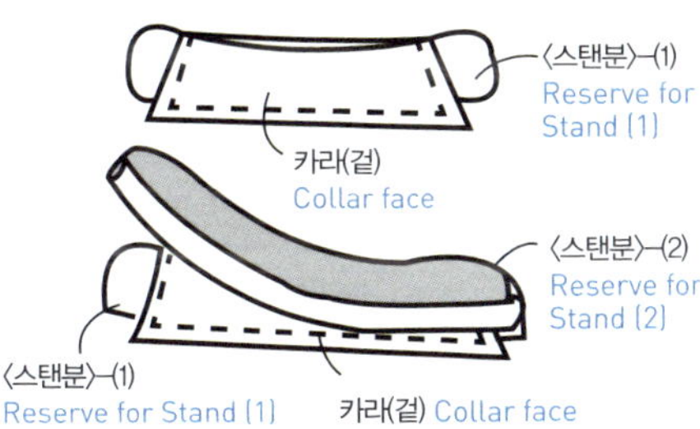

5. 스탠분(1)은 겉으로 놓고 그 위에 카라 겉을 올린 후 스탠분(2)의 안을 위로 보이게 놓고 박음질한다.

5. Put the face side Collar on top of the reserve for the Stand (1), then join the reserve for the Stand (2) with the inside upward and sew.

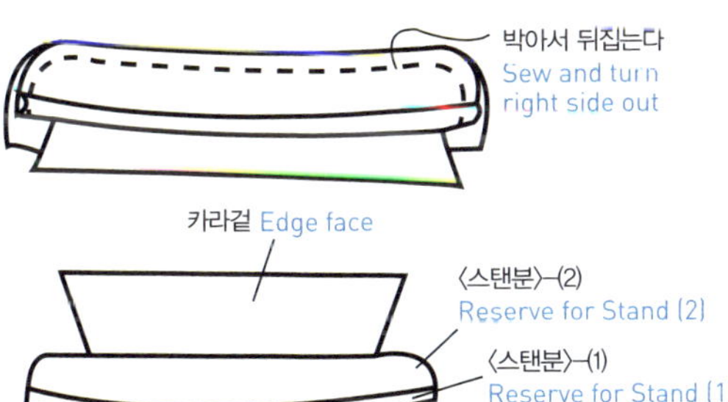

6. 박음선을 따라 바느질 한 후 뒤집어서 다림질하여 모양을 정돈한다.

6. Sew along the sewing line, turn right side out, then iron to shape up.

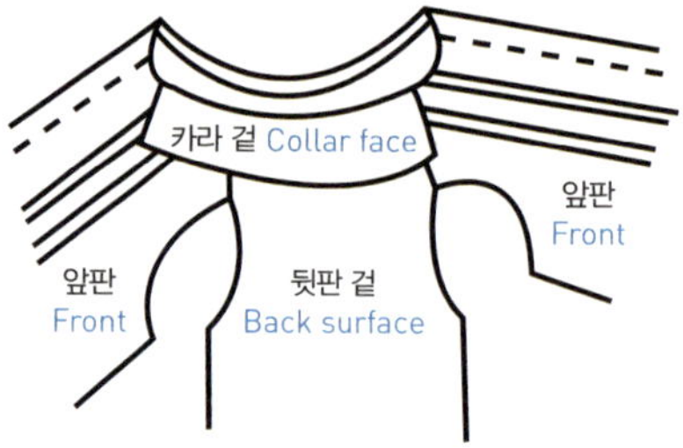

7. 몸판을 펼쳐서 카라를 대고 목둘레 선을 따라서 박음질한다.

7. Join the Collar onto the body, spreading, sew around the neckline.

8. 박은 시접은 안으로 넣어준 뒤 겉쪽에서 모양을 따라서 박음질한다.

8. Tuck in the sewn seam, and sew the outer side to the contour.

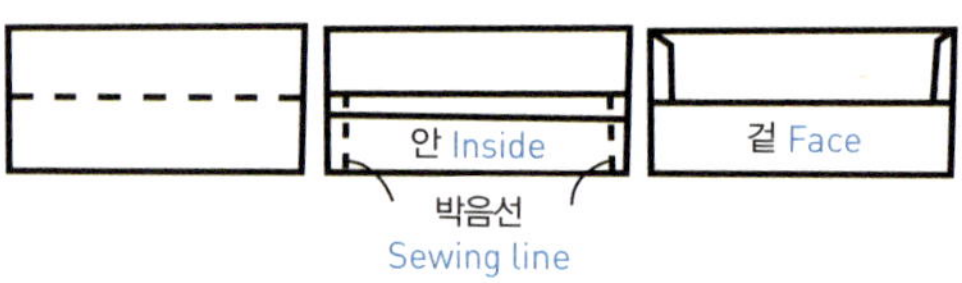

9. 소매의 커프스는 안을 위로 올라오게 해서 박는다.

9. Sew the Cuffs of the Sleeves with the inside uoward.

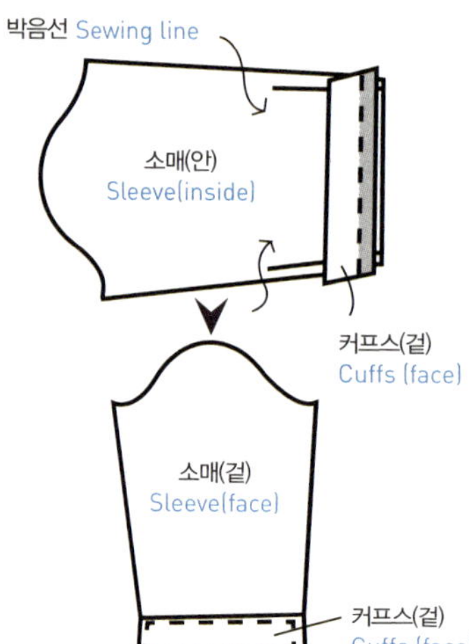

10. 소매의 안을 위로 놓고 양쪽의 시접을 안으로 접어서 커프스를 겹쳐 놓고 선을 따라 박음질한다. 뒤집은 뒤 겉쪽에서 모양을 따라 박음질한다.

10. Putting the inside of the Sleeve on top, fold in the seams, for both sides. Lay the Cuffs on it, and sew along the line. Turn right side out, and sew along the contour.

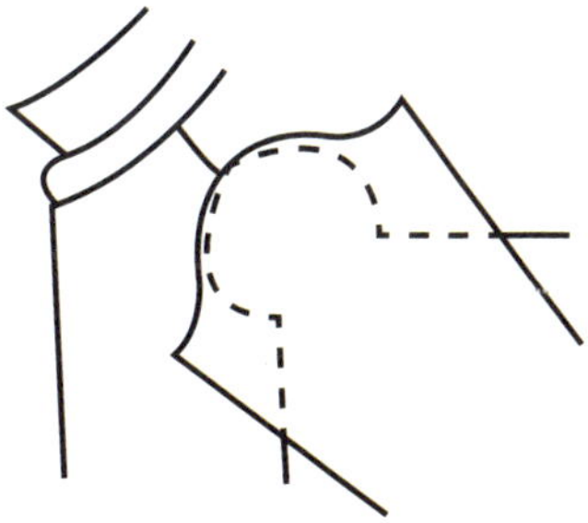

11. 몸판에 소매를 연결한다.
11. Attach the Sleeves to the body.

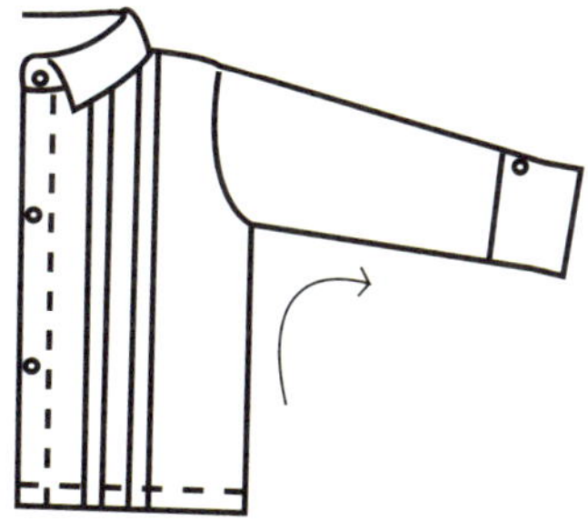

12. 옆선에서 소매까지 화살표 방향으로 박은 뒤
밑단을 접어 박음질한다.
단추를 달아 마무리 한다.
12. Sew from the side line to the Sleeve,
following the arrow, then fold the bottom
hem and sew.
Put on the buttons and finish.

08 바지 만들기 Making the Trousers

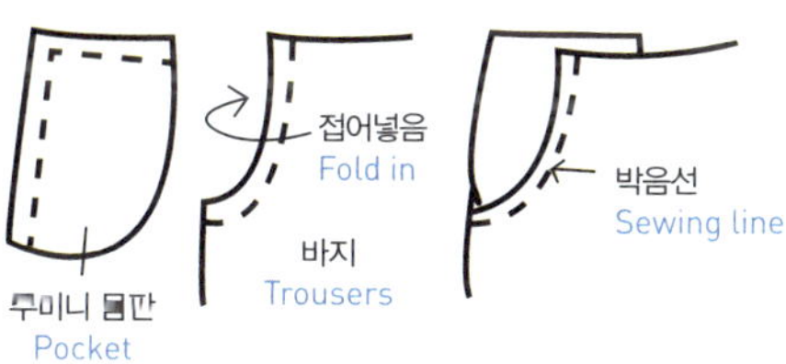

1. 주머니를 접어서 몸판에 연결한다.
1. Fold the Pocket and connect to the body of
the Trousers.

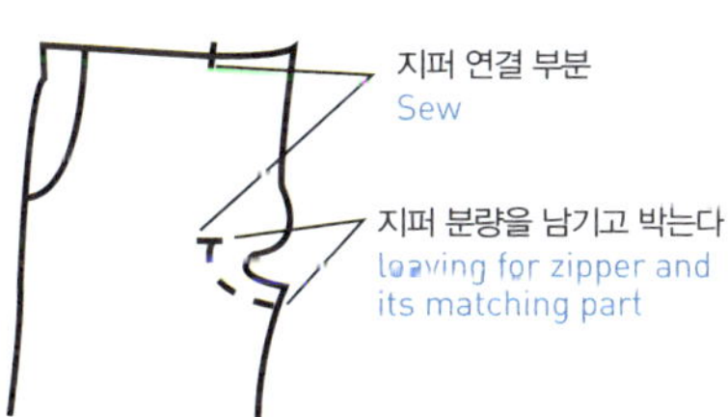

2. 밑위를 박는다.
2. Sew the front rise and back rise, binding the
corresponding pairs.

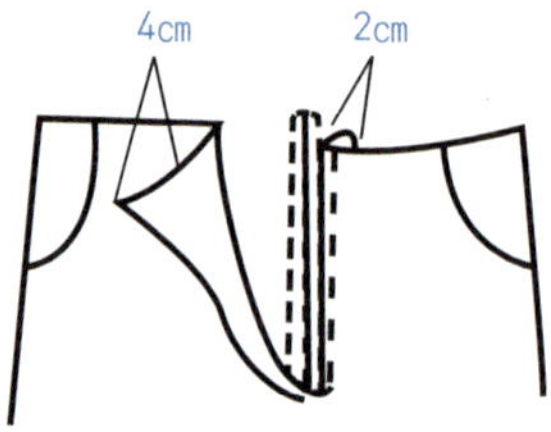

3. 지퍼 연결시 오른쪽은 시접을 2cm 정도, 왼쪽은 4cm 정도 남긴다.

3. For zipper connection leave seam allowance of 1" for the right, and 2" for the left.

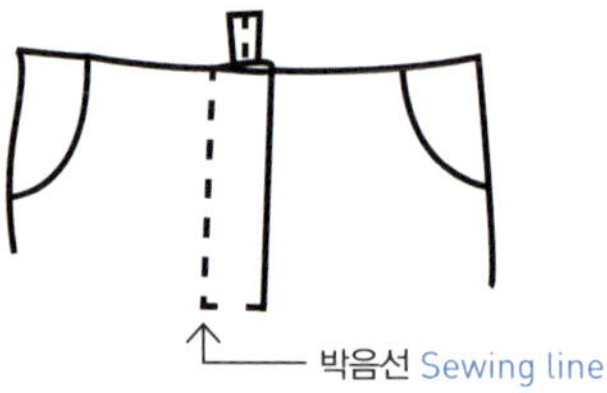

4. 오른쪽은 시접을 넣어서 박음질하고 왼쪽은 지퍼가 보이지 않게 덮어서 모양을 따라 박음질한다.

4. For the right-hand side, sew with seams folded in.
For the left fly front, cover the zipper and sew so that it's not to be seen.

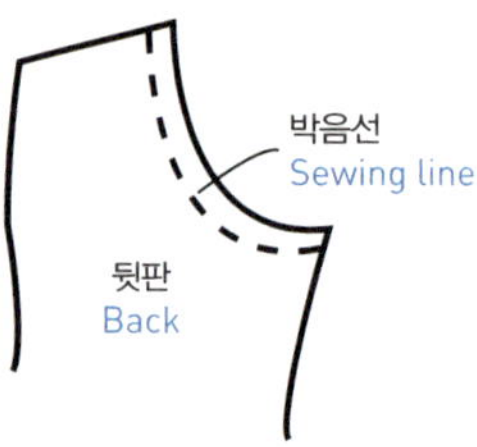

5. 뒷판은 두장을 마주대고 박음질한다.

5. Join the two trousers Back and sew.

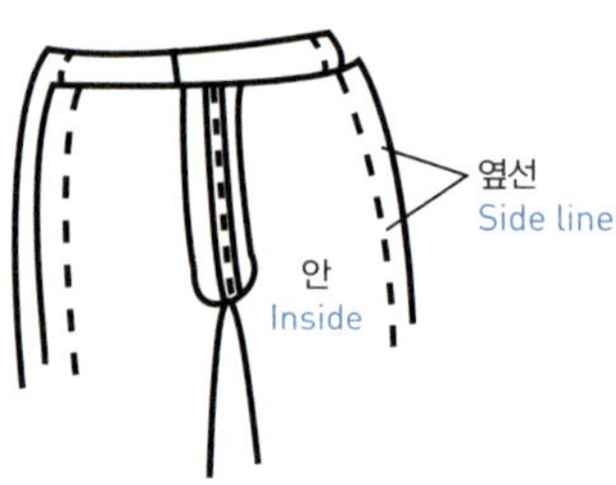

6. 앞판과 뒷판의 겉과 겉을 마주대고 옆선을 따라 박음질한다.

6. Put the Front and Back face to face and sew along the side line.

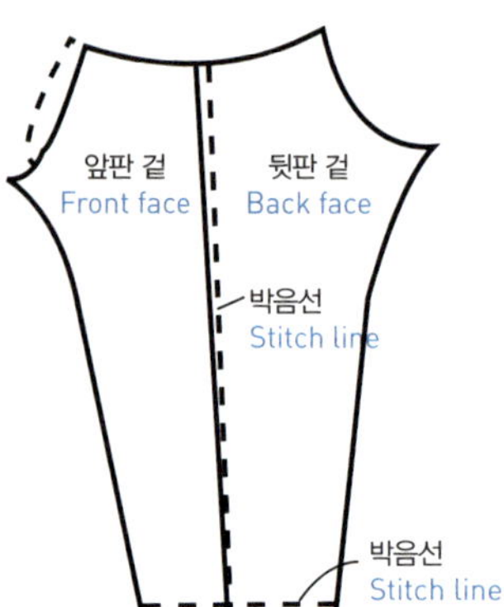

7. 뒤집어서 솔기를 뒤로 보내고 옆선과 밑단에 스티치 장식을 한다.

7. Turn right side out, move the seams backward, and topstitch along the side line and hem.

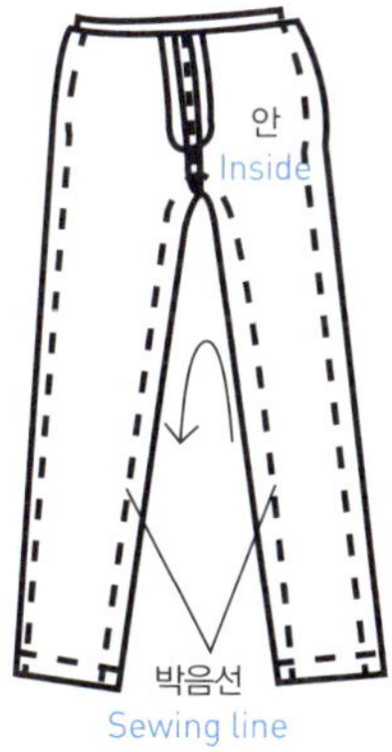

8. 다시 뒤집어서 가랑이 부분을 박는다.
8. Turn insdie out again, and sew the crotch.

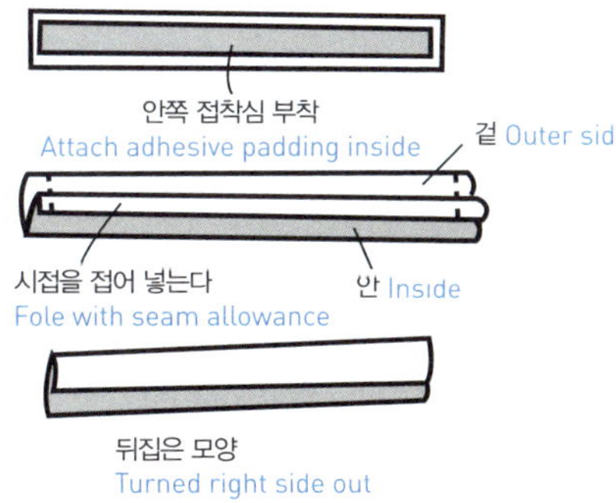

9. 벨트에 접착심을 붙여 안쪽이 위로 향하게 놓고 끝부분을 박음질하여 뒤집는다.
9. Attach adhesive padding to the Belt, and putting the inside upward, sew along the end, and turn right side out.

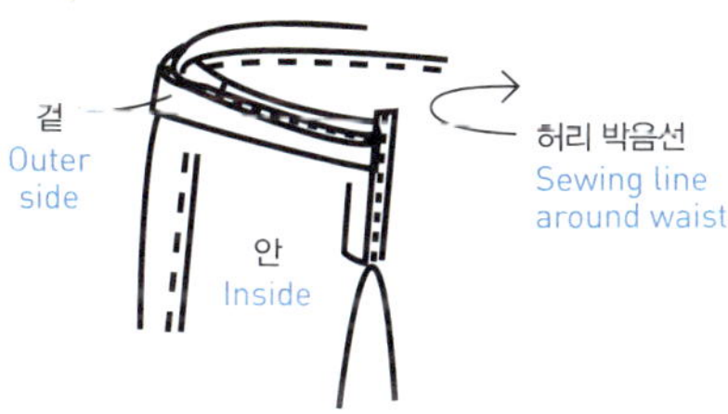

10. 바지의 안쪽에서 벨트의 겉이 위로 향하게 놓고 돌려가며 박음질 한 뒤 뒤집는다.
스티치 장식을 하여 완성한다.
10. Sew from the trouser inside with the Belt's surface upward, sew around in a circle.
Turn right side out.
Topstitch and finish.

09 넥타이 만들기 Making the Necktie

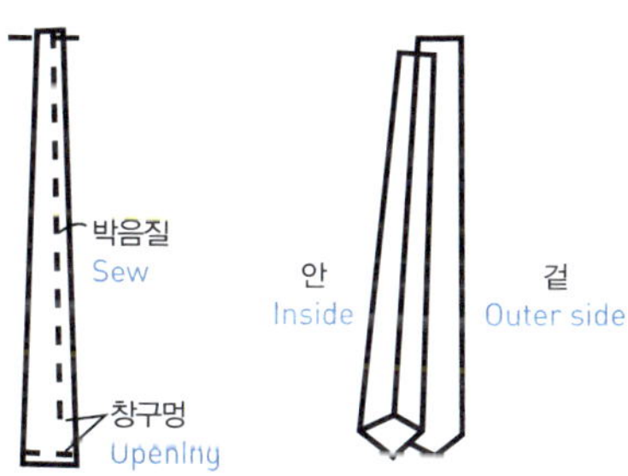

1. 패턴의 반을 접어서 창구멍을 남기고 박음질한다.
1. Turn insdie out again, and sew the crotch.

2. 뒤집어서 끝을 삼각 모양으로 정리한다.
2. Turn insdie out again, and sew the crotch.

돌모아의 프레쉬 걸 세트 패턴집을 선택해 주셔서 감사합니다

"돌모아"는 2002년 2월 22일 콜렉터블돌 전문 인터넷 쇼핑몰로 탄생하였습니다.
"돌모아"는 Doll(인형)+more(보다, 좀더)라는 뜻으로
다양한 인형을 모으고 싶은 욕구를 나타내는 말이며
한글로 모아(모으다)를 발음나는대로 표현한
이중적인 의미를 가진 합성어로서 발음이 쉽고 친근한 이름입니다.

"돌모아"는 인형관련 전문서적및 패턴 출판뿐 아니라
구체관절인형 및 인형관련제품(가발,신발,의상,안구,돌스탠드,
인형가구,인형액세서리,인형제작에 필요한 다양한 재료 등)을
생산 및 판매하고 있는 쇼핑몰을 겸하고 있습니다.

인형 콜렉터를 위한 세계적인 인형개발사 및 출판사로 거듭날수 있도록
항상 노력하는 "돌모아"가 되겠습니다.

주소 서울 송파구 방이동 126-2 2층 돌모아
전화 02-3432-4993(AM10:00~PM 06:00)
help@dollmore.net
http://www.dollmore.com
http://www.dollmore.net
http://www.dollmore.co.kr

파본은 구입처에서 교환해 드립니다.
항상 돌콜렉터의 마음으로 최선을 다하겠습니다.